Inhalt

Ambient-Medien - Auf dem Weg zum kalkulierbaren Werbeträger

Kernthesen

Beitrag

Fallbeispiele

Weiterführende Literatur

Impressum

Ambient-Medien - Auf dem Weg zum kalkulierbaren Werbeträger

E.Krug

Kernthesen

- Ambient-Medien verstärken die Wirkung von Außenwerbung durch konkrete Zielgruppenkontakte und eine auf die Zielgruppen abgestimmte Kommunikation. Sie werden deshalb in der Branche als notwendige Ergänzung in einer Gesamtwerbekampagne gesehen. (1), (2), (3)
- Bisher allerdings haben Werbungtreibende und Agenturen, die sich auf der sicheren Seite bewegen wollten, einen Bogen um

Ambient-Medien gemacht, da immer noch die entsprechenden Leistungsdaten zum Vergleich gefehlt haben. (1), (4)
- Heute hat man den Ambient-Medien einen seriösen Touch gegeben, da sie anhand einer aktuellen Leistungsanalyse vergleichbar geworden sind. (1), (2), (4), (5)

Beitrag

Ambient-Medien sind Indoor-Medien, die sich in bestimmten Lebenswelten der Verbraucher zielgruppengerecht als Werbeträger ansiedeln. Die Zielgruppen kennzeichnen sich nicht nur durch Geschlecht und Alter, sondern ganz speziell auch durch unterschiedlichste Verhaltensweisen, Stimmungen und Wunschvorstellungen. Durch Ambient-Medien kann man in der Außenwerbung noch einen Schritt weiter gehen, als mit den klassischen Out-of-Home-Medien. Die Kommunikation mit der Zielgruppe hört nicht vor der Tür auf, sondern begleitet diese bis zum Point of Interest, der da sein kann eine Kneipe, ein Kino, ein Fitness-Studio, die Uni etc. Diese Werbemedien wirken also im Umfeld, sprich im Ambiente der Konsumenten. Eine bestimmte Definition für ihre Form gibt es nicht. Diese unkonventionelle Art der Außenwerbung mit Ambient-Medien überzeugt vor allem durch den Überraschungseffekt. Ob in Szenekaffees, auf Tankrüsseln, an Toilettentüren, auf Bodenfliesen im Supermarkt, ob als Gratis-Postkarten, Indoor-Poster, Ambient-Medien sind heute fast überall präsent. (1), (3), (6)

Wodurch zeichnen sich Ambient-Medien aus?

Trotz ihrer Präsenz gelten Ambient-Medien zum Teil immer noch als abenteuerlich, weil sie sehr unkonventionell sind. Diverse Agenturen, die Unsicherheiten vermeiden wollen bevorzugen nach wie vor den konventionellen Weg über die klassischen Möglichkeiten der Out-of-Home-Werbung. Vielleicht ein Fehler, da Ambient Media mittlerweile sich als perfekte Ergänzung zur gewohnten Außenwerbung zeigt. OOH-Kommunikation an sich scheint zurzeit das einzige verbliebene Medium zur Massenkommunikation zu sein. Eine Vernetzung der klassischen Konzepte mit Ambient-Medien stellt sich zunehmend als perfekte Kombination heraus, um den vollen Werbeerfolg zu erzielen. Die auf der Straße durch z.B. Großflächen- oder Citylightposter angesprochene Verbrauchermasse wird beim jeweiligen Ziel der einzelnen kleineren Zielgruppen ganz individuell durch die Indoor-Werbeträger an die beworbenen Produkte etc. erinnert. Mit dem vielfältigen Ambient-Angebot ist es möglich eine sehr zielgruppengenaue Kommunikationsplattform zu schaffen.

Werbeauftritte mit Ambient-Medien am PoS stellen sich durchaus als wirksam heraus, da bei mehr als 50 Prozent der Einkäufe die Kaufentscheidung für ein Produkt erst im Laden gefällt wird. Ein weiterer Vorteil ist, dass die Ambient Media auch in einer speziellen Nutzungssituation geworben werden kann (vgl. Cases). Allerdings müssen Ambient-Medien hohen Ansprüchen genügen und sich immer wieder durch neue Kreativität auszeichnen. (1), (3), (4), (5), (7)

Warum haben Ambient-Medien dennoch einen etwas abenteuerlichen Touch?

Dem Anspruch an Kreativität, Überraschungseffekten und neuen spannenden Ideen werden die Anbieter nicht immer gerecht und die Kampagne wird so möglicherweise zum Flop. Vielleicht sind die Ideen sogar wirklich gut, aber die Zielgruppe zu klein oder falsch eingeschätzt, auch dann ist die Werbeaktion nicht von Erfolg gekrönt. Genau hier liegt auch das eigentliche Problem von Ambient-Medien. Sie sind zwar beliebt, dennoch haben sie laut FAM (Fachverband Ambient Media) nicht den Stellenwert, den sie verdienen. Nicht zuletzt deshalb, weil bis dato der Einsatz von dieser Art Werbeträger immer eine Entscheidung aus dem Bauch heraus war, da es eine wirklicher Erfolgskontrolle nicht gab. Das entsprechende Zahlenmaterial fehlte und es gab keine Möglichkeit Ambient-Medien mit anderen OOH-Werbeträgern zu vergleichen. Obwohl dieser Sonderwerbeform hohe Aufmerksamkeitswerte nachgesagt werden, konnte man dies doch nie beweisen. Mittlerweile hat sich das geändert, weil es seit Kurzem repräsentative Planungsdaten für rund 50 der wichtigsten Ambient-Medien gibt. (1), (2), (5)

Was macht Ambient Media zum kalkulierbaren Werbeträger?

Um den quantitativen Aspekt dieser Sonderwerbeformen zu beleuchten hat am Vorjahresende die RSG Marketing Research im Auftrag von der Düsseldorfer Medienagentur It Works eine Reichweitenanalyse für Ambiente-Medien erstellt (vgl. Cases). Im Rahmen dieser umfangreichen Mediastudie wurden Auflage und Reichweite von 50 Ambient-Medien verglichen und Leistungswerte der unterschiedlichen Werbeträger, wie Reichweite, TKP

(Tausend-Kontakt-Preis), OTS (Opportunity to see) und GRP (Gross Rating Point) erfasst. Ermittelt wurde mit der neu entwickelten Abfrage erinnerter Locations, die in ihrer Methodik der PMA (Plakat-Media-Analyse) gleichzusetzen ist.
Da es wenig sinnvoll ist, nur ein Ambient-Medium zu belegen, sondern statt dessen Vollbelegungen, sowie Ambient-Kombinationen oder sogar Vernetzungen mit klassischen Außenwerbungsmedien vorgezogen werden sollten, liefert die Studie auch Ergebnisse über Medienkombinationen. Zu diesem Zweck wurden bei den Untersuchungen zusätzlich Verkehrsmittelwerbung und klassische Plakatformate berücksichtigt, dass im Endeffekt 65 Medien erfasst wurden.
Der Schwachpunkt der Studie liegt darin, dass nur ein Anteil der 200 existierenden Ambient-Formate erfasst wurde und die Anzahl der Interviews (1046) relativ niedrig ist. (1), (2), (3), (4)

Offene Punkte

- Kann die Ambient-Media-Studie die Zweifel der Kritiker von Ambient-Medien reduzieren?
- Sind Untersuchungen, die einseitig aus der Position eines Spezialmittlers kommen ausreichend?

Fallbeispiele

Beispiele für Ambient-Werbemedien

InflatablesEs handelt sich dabei um aufblasbare Werbeträger, die sich durch ein geringes Gewicht, einfachen Transport und unkompliziertes Handling auszeichnen. Sie sind universell im Innen- und Außenbereich einsetzbar.
Die Idee: Inflate your ideas auf komplizierten Formen aufblasbarer Gegenstände, wie Sofas, Autos, Flaschen usw. (7)

Dropdrop
Der Tropfschutz, der von unten über jede gängige Eistüte geschoben werden kann, wurde von der Colos-seum Design-Beratungsgesellschaft, Dresden entwickelt.
Die Idee: Auf der Oberseite der kreisrunden Kartonscheibe bleibt Platz für die Werbung. (7)

Beispiel für Ambient-Werbung in spezieller Nutzungssituation

Lever Fabergé und die Agentur Mindshare haben für das Körperpflegeprodukt Axe Pulse eine Kampagne gestartet: Unterschiedliche Motive wurden auf verschiedenen Werbeträgern eingesetzt, die alle mit dem Thema Unterwegssein in Verbindung standen. Medienauswahl und Kreation waren perfekt aufeinander abgestimmt. (1)

Ambient-Media-Studie

Auftraggeber: It WorksDurchführung: RSG Marketing Research (Konzeption und Analyse) und Omniquest (Stichprobenziehung, Feldarbeit)
Zeitraum: 2. Halbjahr 2003
Befragt wurden in 15 Städten mit über 400 000 Einwohnern 1 046 Personen im Alter zwischen 14 und 49 Jahren
Es handelt sich um eine intermediale Reichweitenstudie zu 65 OOH-Medien mit dem Schwerpunkt Ambient

Werbung in Kneipen (Beispiel für ein Ergebnis):
24 Prozent der Männer und zwölf Prozent der Frauen

hatten Toilettenwerbung in Kneipen und Restaurants gesehen
Bei der Zielgruppe der 14- bis 29-Jährigen, die für besonders Ambient-affin gilt, erzielten die Poster einen Erinnerungswert von 28 Prozent. 27 Prozent dieser Altersgruppe hatten hinterleuchtete Werbeträger Trendlights wahrgenommen und bestätigten ihnen mit 74 Prozent einen hohen Sympathiewert. Bekanntheit und Sympathie liegen oft weit auseinander (2), (4), (5)

Weiterführende Literatur

(1) Der Fata-Morgana-Effekt
aus media & marketing Nr. 03 vom 04.03.2004 Seite 056

(2) Leitwährung für Ambient Media
aus HORIZONT 11 vom 11.03.2004 Seite 086

(3) Posterscope "Medium mit stärkster Innovationskraft"
aus Der Kontakter Nr. 16 vom 13.04.2004 Seite 034

(4) In Freiheit dressiert
aus werben & verkaufen Nr. 13 vom 26.03.2004 Seite 072

(5) Daten gegen Kaffeesatz
aus media & marketing Nr. 12 vom 01.12.2003 Seite

050

(6) Marken erobern Badelandschaften
aus HORIZONT 11 vom 11.03.2004 Seite 046

(7) Werbung zum aufblasen
aus HORIZONT 18 vom 29.04.2004 Seite 060

Impressum

Ambient-Medien - Auf dem Weg zum kalkulierbaren Werbeträger

Bibliografische Information der deutschen Nationalbibliothek

Die Deutsche Nationalbibliothek verzeichnet diese Publikation in der deutschen Nationalbibliografie; detaillierte bibliografische Daten sind im Internet über http://dnb.d-nb.de abrufbar.

ISBN: 978-3-7379-0703-3

© 2015 GBI-Genios Deutsche Wirtschaftsdatenbank GmbH, Freischützstraße 96, 81927 München, www.genios.de

Alle Rechte vorbehalten. Dieses Werk ist einschließlich aller seiner Teile – z.B. Texte, Tabellen und Grafiken - urheberrechtlich geschützt. Jede Verwertung außerhalb der Grenzen des Urheberrechtsgesetzes bedarf der vorherigen Zustimmung des Verlags. Dies gilt insbesondere auch für auszugsweise Nachdrucke, fotomechanische Vervielfältigungen (Fotokopie/Mikroskopie), Übersetzungen, Auswertungen durch Datenbanken oder ähnliche Einrichtungen und die Einspeicherung und Verarbeitung in elektronischen Systemen.